AF263333

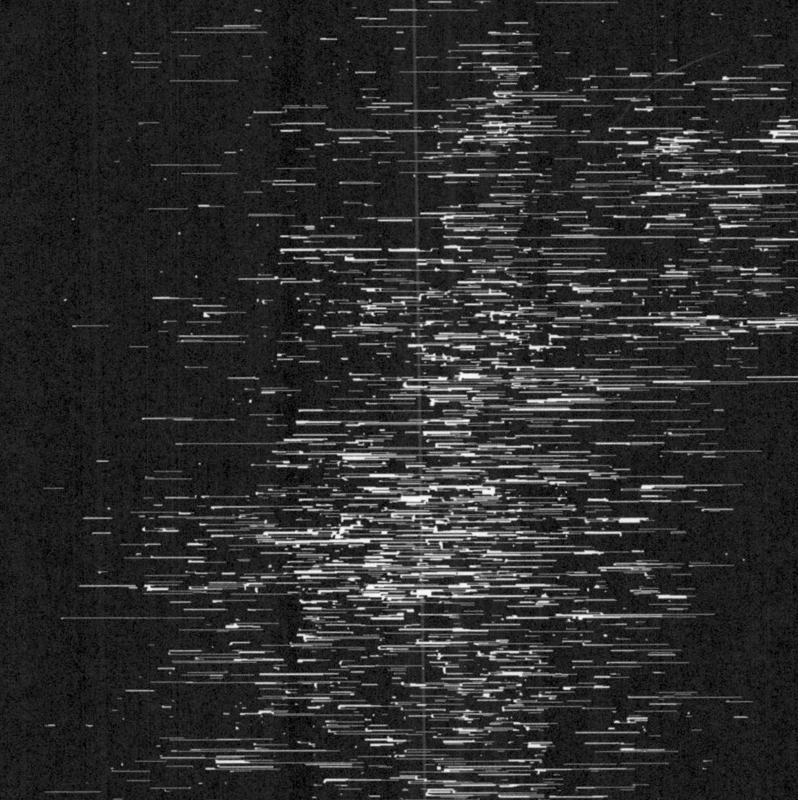

NOTICE

BIOGRAPHIQUE

SUR

SAINT-LÉZER

SECOND PATRON DU MAS

ET

ÉTUDES SUR SON TOMBEAU

PAR

L'ABBÉ] DUPOUY

Curé de St-Orens-Pouy-Petit.

CONDOM

P. BOUSQUET, IMPRIMEUR

—

1869

A

ARCHEVÊQUE D'AUCH

NOTICE SUR SAINT-LÉZER

ET SON TOMBEAU

Lézer était espagnol d'origine, sans qu'on puisse assigner ni le lieu, ni l'époque précise de sa naissance (*). On s'accorde cependant à dire qu'il naquit vers le commencement du neuvième siècle. La vertu et le courage étaient héréditaires dans sa famille, aussi il ne rêvait que la gloire de Dieu et de sa sainte Eglise. Le sang des Maurice et des Victor coulait dans ses veines, comme il coula plus tard dans les veines de St-Louis et des Croisés, comme il coule encore dans les veines de nos zouaves Pontificaux, qui quittent leurs parents et leur patrie, souvent même les positions les plus honorables, pour se mettre au service de la plus sainte des causes; c'est la cause du vicaire de Dieu, la cause de l'Eglise, la cause de la justice, la cause de l'humanité tout entière.

Vers l'an 841 ou 843, les terribles Normands qui avaient sur le cœur les ravages que les soldats de Charlemagne et de Pépin avaient jadis portés dans leur patrie, se préparaient à de sanglantes représailles. Ils se précipitèrent sur la France comme un torrent dévastateur, et mirent le siège devant Bordeaux(**).

Sectateurs de l'affreux Teutatès, dont le courroux n'était apaisé que par l'immolation de nombreuses victimes humaines, ils avaient voué une haine implacable à la religion du Christ et à son Eglise. Ils ne se proposaient rien moins que d'ensevelir sous un monceau de ruines, la religion catholique et la France qui ne faisaient rien qu'un à leurs yeux.

A cette nouvelle le cœur de Lézer se soulève d'indignation; son zèle enflamme son courage, et brûlant du désir de soutenir sa religion attaquée, il prend les armes et vole à l'ennemi.

Lorsqu'il arrive à Sos il trouve cette ville assiégée par les féroces Normands. Fatigués de la résistance de Bordeaux, ils en avaient levé le siège, s'étaient portés sur Bazas et l'avaient ruiné de fond en comble. Ils s'étaient ensuite rués sur Condom dont la riche abbaye sollicitait leur cupidité et éveillait leur fanatisme (***). La vue de la croix qui protégeait le Moutier rallume leur fureur; en peu d'instants les murs sont emportés, ou s'ouvrent à leur hâche. Les religieux traqués, poursuivis à travers les vastes salles, sont poussés vers le sanctuaire et égorgés sur les autels, et quand les bras sont fatigués de victimes, les flammes consomment ces scènes d'horreur.

La ville de Sos ne pouvait opposer qu'une faible résistance : et cependant animés par les exemples et les discours de Lézer, les habitants sont résolus à vaincre ou à périr, à sauver leur ville ou à s'ensevelir sous ses ruines. Dans une des luttes acharnées qui étaient de tous les instants, un coup

---

(*) Dom Brugel, *Chroniques du Diocèse.*
(**) *Hist. de la Gascogne*, tome 1, page 333.
(***) *Histoire de la Gascogne.*

de sabre fend le crâne de Lézer et lui fait voler à terre la moitié de sa tête (*). Comme St-Denis de Paris, et Ste-Quitterie, Lézer se courbe, ramasse la moitié du chef qui gîsait à terre, la replace sur sa tête, en face des ennemis et des amis étonnés, et il part pour Lectoure que les ennemis vont assiéger. [C'est] là qu'il espère qu'un coup décisif sera frappé. Privée de sa présence, qui [illegible] mille remparts, la ville de Sos fut prise et saccagée.

[illegible] les pensées de Dieu ne sont pas toujours les pensées des hommes; [illegible] des vengeances célestes contre les Normands n'avait pas encore [illegible] (**).

[Effray]ée du sort des cités voisines, Lectoure crut mieux servir ses intérêts [en ouv]rant ses portes aux barbares. Mais cette soumission volontaire loin de [calmer leu]r courroux ne servit qu'à l'activer. Leur épée se baigna dans le [sang d']une population trop confiante, ils brûlèrent ce que leur rapacité avait dédaigné.

Lorsque Lézer arriva à Roquepine il trouva que les ennemis avaient déjà envahi toute la campagne. Sans s'arrêter, il poursuivit le but de son voyage qui était Lectoure.

Parvenu au Mas de Fieu-Marcou, aujourd'hui appelé Mas-d'Auvignon, dans un champ distant d'un kilomètre et demi de la cité, ayant nom légendaire, *lou kamp dé Sein Lezéns*, (***) fatigué de la route, et des combats qu'il avait livrés, perdant le sang par les blessures dont il était criblé, la faiblesse trahissant son grand cœur, il y rendit le dernier soupir. Il mourut tourné vers Lectoure, en formulant la prière de l'Eglise : levez-vous, Seigneur, prenez en main votre cause; levez-vous, Seigneur, aidez-nous, et délivrez-nous. *Exurge Domine, judica causam tuam; exurge Domine, adjuva nos et libera nos.* Il mourut plein du noble désir de combattre encore les ennemis de son Dieu. Le Seigneur qui n'a besoin de personne pour se venger de ses adversaires, satisfait de ses sentiments qui caractérisent si bien une âme saintement et fortement trempée, voulut enfin donner à notre Saint le repos du héros chrétien.

Peu de temps après, Tatilou chef des Gascons, remporta une victoire éclatante contre les Normands, aux environs de Bordeaux. Elle prouve jusqu'à l'évidence que la prière du juste mourant est toujours exaucée (****).

TOMBEAU DE St-LÉZER.

1.

St-Lézer fut enseveli, à grand frais, dans un tombeau de marbre blanc, confectionné d'un seul bloc, séparé de son couvercle, dans des proportions colossales. Sa matière et sa grandeur indiquent toute l'importance qu'on y

---

(*) *Chronique Locale du Mas.*
(**) *Histoire de la Gascogne.*
(***) *Chronique Locale.*
(****) *Histoire de la Gascogne.*

attachait, à l'époque où il fut élevé. Elles semblent aussi dévoiler les honneurs militaires, qu'on a voulu rendre au soldat chrétien, dont l'exemple, la valeur et la prière, ont contribué à délivrer la France de ses plus implacables ennemis.

Il est fort étonnant, qu'en plein neuvième siècle, où les relations étaient presque impossibles de paroisse à paroisse, on ait pu avoir au Mas, enfoncé dans les terres, éloigné de toute grande voie de communication, du plus beau marbre blanc des Pyrénées pour faire le splendide tombeau de St-Lézer. On ne peut l'expliquer que par la foi qui transporte les montagnes.

Ce monument fut placé derrière et sous le maître-autel, qui se trouvait sous le vocable de St-Martin de Tours : il s'élevait à un mètre au-dessus du sol. On voit à côté de ce tombeau, un autre tombeau en pierre d'une moindre dimension, et presque de la même hauteur, non placé sous l'autel comme celui du saint, mais en tout conforme aux usages antiques. Car autrefois on plaçait à côté des reliques insignes, dans un petit tombeau, une relique des Saints innocents martyrisés sous Hérode; ou bien, si on ne pouvait en avoir, le corps d'un petit enfant mort immédiatement après le baptême.

II.

A la gloire antique du tombeau de St-Lézer, la sculpture moderne a prêté l'appui de sa magie et de sa délicatesse. M. Lafforgue, le vénérable curé du Mas, dont la piété pour St-Lézer égale le zèle qu'il a pour son culte, a fait complètement restaurer le sanctuaire, avec le reste de l'Eglise, mais surtout le sanctuaire, avec un goût qui le distingue, et une charité qui prévient tous les besoins. Le bon curé du Mas n'est pas certes plus riche qu'un autre, mais le denier de la veuve fructifie au centuple entre ses mains.

Le transcept qui sépare visiblement l'ancien sanctuaire de la nouvelle Eglise, se compose d'une arcade ogivale dont le tiers-point est évidemment incliné vers le midi, et entraîne le chevet de ce côté. Le dessein de l'artiste est manifeste. L'inclinaison de cette partie de la voûte qui interrompt l'harmonie de l'ensemble, rappelle le désordre de la nature entière, lorsque Jésus expira en laissant tomber sa tête sur l'épaule gauche, *supremamque horam ponens caput expiravit.* Cette arcade repose sur deux colonnes rondes de trente centimètres de diamètre, dont l'énorme chapiteau se rehausse de feuilles d'acanthe en volute dans les côtes, et d'une belle fleur d'acanthe dans le milieu.

M. le Curé du Mas a fait réintégrer les damiers des croisées Romanes qui rayonnaient autour du tombeau du glorieux Martyr, et restituer les trois vitraux qu'elles ont dû posséder primitivement, à savoir : 1º St-Martin, évêque, premier patron du Mas; 2º le Christ en croix ; et 3º St-Lézer, second patron du Mas, en costume militaire. Il a eu encore le moyen ingénieux d'orner l'entre-deux des croisées, des deux beaux tableaux de St-Martin et de St-Lézer, pour remplacer deux statues de bois belles et délicates, qu'on voyait autrefois au pourtour du chevet de l'Eglise. Au-dessous des croisées règne une triple rangée de damiers qui circule jusqu'aux hautes colonnes rondes et latérales qui encadrent les croisées de St-Lézer et de St-Martin. Deux chapiteaux restent intacts avec leurs feuilles de laurier et de chêne, et

leur belle archivolte, tandis que les deux autres attendent qu'une main ha-
bile leur restitue leur perfection première.

Le bleu et étoilé lambris primitif distingue le sanctuaire du reste de la
voûte, qui est toute bâtie en briques de champ, et témoigne du respect de
M. l'abbé Lafforgue pour tout ce qui est antique.

Le principal ornement moderne de l'Abside est l'autel à la Romaine de
marbre blanc, ainsi que son marchepied à trois degrés, de la même matière.
Son parquet du premier degré attire l'attention par la marqueterie en losanges noirs. Le style de l'autel est du onzième siècle, et se marie gracieuse-
ment avec toutes les ornementations du sanctuaire.

L'autel se compose de cinq niches. Le fond est une série de losanges con-
tinus, dorés, pointillés de rouge. Chaque niche est limitée par un bas-relief
demi rond, de six centimètres de diamètre, avec un chapiteau Corinthien,
surmonté d'une archivolte de la même dimension. Les niches latérales sont
ornées des statues des Evangélistes avec leurs symboles, en demi relief,
tandis que celle du milieu est décorée de la statue de notre divin Maître.
Le Souverain pasteur des âmes porte sur ses épaules la brebis égarée. La
bonté et le pardon ont laissé leur empreinte sur sa figure. Mais son ensemble
digne et majestueux décèle le grand Dieu qui se déterminera à frapper si les
hommes viennent à dédaigner son amour.

Les autres personnages fixent l'attention, soit par leur attitude qui dis-
tance le commun, soit par les riches draperies de leurs costumes, soit par
l'air inspiré qui traverse leur front.

Le tabernacle Roman qui surmonte l'autel a dans son portique, huit à dix
centimètres de profondeur ; de chaque côté, trois rangs de colonnes de douze
centimètres de haut, reçoivent trois rangs de chapiteaux en damier; sur
les trois chapiteaux règne un entablement orné de pointes de diamants ; et
sur cet entablement une archivolte dont l'intrados est formé de deux
rangs de damiers, et de deux rangs de pointes de diamants artistement
fouillées.

Sur le timpan est une belle rose de dix centimètres de diamètre, confectionnée de huit lobes percés à jour, et garnie d'une verrière rose foncé.

Sur la porte est un pélican doré en bas-relief, qui déchire ses entrailles
pour nourrir ses petits, emblème du Divin Pélican, qui sur la croix a donné
sa vie pour les hommes, et qui sur l'autel du sacrifice nourrit ses enfants de
sa propre substance ; un nuage argenté tourbillonne autour de cette scène
du symbolisme de la charité divine.

Un beau fronton avec corniche antique termine ce tabernacle. C'est sur ce
fronton qu'est bâtie la Tour de l'Exposoir.

L'Exposoir n'est autre chose qu'une tour carrée hérissée de créneaux et
de meurtrières, sur laquelle on expose le St-Sacrement; cette tour est flan-
quée de deux petites tourelles du même style et de la même élégance.

C'est bien là cette tour inexpugnable de David, où étaient suspendues les
armures des forts ; c'est bien là l'Eglise de Dieu bâtie sur le rocher, toujours
attaquée et toujours défendue, brisant depuis dix-huit siècles les téméraires
joûteurs, et conduisant toutes les générations vers les rivages éternels.

De chaque côté du tabernacle sont les trois gradins obligés, destinés à recevoir les candelabres. Derrière ces gradins, et à la hauteur du tabernacle repose une énorme plaque en marbre blanc qui complète l'autel. Elle est ornée de croix Grecques, détachées, dorées et pointillées rouge.

De chaque côté de l'autel, et à la suite des degrés, est un piédestal en marbre blanc, avec toutes les décorations voulues : sur ce piédestal s'élève une colonne ronde, pierre de Virebent, de dix centimètres de diamètre et de trente centimètres de haut. Elle est surmontée d'un chapiteau carré, évasé de vingt centimètres, qui n'en est pas moins beau quoiqu'il paraisse s'affranchir des règles ordinaires. Le chapiteau du midi a sur chacune des quatre faces deux oiseaux qu'on prendrait pour des tourterelles enroulées de feuilles et de branches de lierre, et qui s'amusent à grignoter dans les angles une grappe de pin.

Le chapiteau du nord n'est orné que de quatre oiseaux fantastiques qui se font remarquer par leurs longues oreilles et par le luxe d'enroulement du lierre qui les enlace.

Le tailloir ainsi que la base se compose d'anneaux, de pierres enlacées qui donnent un gracieux ensemble.

Le dessus du chapiteau ainsi que le dessus du piédestal, est recouvert d'écailles de poisson qui servent de tuiles à canal pour l'écoulement des eaux.

Sur chaque chapiteau est un ange debout à ailes demi-déployées de quatre-vingt centimètres de haut. Il tient entre ses mains un encensoir dont la fumée s'échappe en ondulation vers le ciel; l'encens symbolise la prière qui monte toujours vers le trône de la miséricorde divine.

Ces deux anges semblent être la garde-noble du tabernacle, et suppléer aux hommages incessants que les hommes devraient toujours rendre à leur Dieu.

Croisée extérieure du Chevet.

L'extérieur de la croisée du milieu du chevet ne doit pas être oublié. Dans un enfoncement assez profond de un mètre cinquante centimètres de haut, sur un mètre de large, se trouve une croisée modèle du onzième siècle. L'espace qui donne le jour dans le sanctuaire, n'a pas plus d'un mètre de haut sur trente centimètres de large. De chaque côté se dressent deux colonnes rondes de pierre fort dure, de vingt centimètres de diamètre ; la frise se distingue par trois *Agnus dei*, dont deux se regardent à l'angle de devant, et l'autre montre la tête par dessus les reins du premier. Le chapiteau est remarquable par quatre énormes étoiles, dont les rayons altérés semblent reproduire la fleur de Lis.

Sur chaque chapiteau repose perpendiculairement sur la colonne une archivolte de la même dimension que le fût. A l'extrémité de chaque chapiteau surgit une arcade décorée de trois rangs de damiers. L'intrados est dénué de toute espèce d'ornement; à part l'extrémité de la base d'une colonne qui est un peu dévorée par le temps, le tout est dans un état assez parfait de conservation.

Je ne parlerai pas de la voûte en brique qui fait l'admiration des étrangers visiteurs; je ne dirai rien des niches ni des statues Virebent de la Ste-Vierge

At de St-Joseph ; ni de l'autel en marbre mélangé de bois , de St-Jean ; ni des autres autels en marbre des quatre chapelles ; ni des vitraux de St-Joseph et de l'Immaculée Conception de Marie. Je ne parlerai pas non plus du matériel immense et vraiment remarquable par sa beauté et sa valeur intrinsèque, entassé dans les armoires, commodes et secrétaires de l'Eglise et du presbytère ; je ne parlerai pas non plus des vases sacrés, des ornements de l'Eglise, ni du sonore harmonium qui remplit si bien la capacité de la voûte ; tout cela est plus que suffisant pour assimiler l'Eglise du Mas à une véritable cathédrale.

III.

La partie ossuaire de la tête qui recouvrait le crâne de St-Lézer fut placée dans un ciborium en argent, et conservée avec soin, dans une niche pratiquée au côté gauche de l'avant-cœur, jusqu'en 93. (*) On y voit encore sculpté, sur la pierre, sur le haut, et à l'extérieur, le Ciboire dont parle l'auteur des *Chroniques du Diocèse.*

A cette époque néfaste, M. Capuran, un des derniers consuls de la cité, porta le ciborium dans sa maison pour le soustraire à la profanation et à la rapacité des maîtres de la situation. Ce fut en vain ; le ciborium lui fut réclamé avec menace. Ce vase sacré fut livré pour ne jamais plus paraître ; tandis que la partie ossuaire de la tête du Saint Martyr fut placée dans une écuelle, qui se voit encore dans la niche précitée , fermée d'une porte remarquable par son antiquité, confectionnée de barres en fer croisées.

La cupidité des méchants ne fut pas assouvie par ce sacrilège : ils violèrent encore la sainteté du tombeau de St-Lézer. Ils en fracturèrent le couvercle , pour sonder l'intérieur, et y trouver de l'or et de l'argent, objets de leurs spoliations et de leur impiété. Ils n'y trouvèrent que les reliques insignes de notre Saint. La légende rapporte qu'à la vue de ces reliques ils furent saisis d'une terreur panique, et ils reculèrent.

Le tombeau est resté dans ce *statu quo*, jusqu'au 2 février 1851, époque à laquelle Monseigneur de la Croix d'Azollete fit sa première visite pastorale dans la paroisse du Mas.

En présence d'un nombreux clergé, et d'un concours prodigieux de peuple, Monseigneur s'étant transporté au tombeau , en fit soulever la partie fracturée en 93, et à l'aide d'un cierge découvrit et recueillit avec soin des ossements qu'il fit reconnaître par MM. Blot et Pujol, médecins de la localité.

« Tous ces objets en présence des mêmes témoins, dit Monseigneur dans
« son procès-verbal, ont été déposés avec respect dans une boîte de sapin ,
« d'environ soixante centimètres de longueur et mis par ordre sur diffé-
« rents lits d'étoupes de lin. Dans un des coins nous avons placé une petite
« boîte de fer blanc, de forme circulaire, qui contient au milieu des charbons
« pulvérisés, une note écrite de notre main, et signée par nous, portant le
« nom et le dénombrement des os déposés dans la caisse.

« Nous avons fait ensuite clouer ladite caisse , et placer quatre liens ou
« rubans en fil rouge, dont trois sur la largeur et l'autre sur la longueur ;

(*) *Chroniques du Diocèse.*

« sur les extrémités desquels nous avons mis sur cire rouge le sceau de nos
« armes. Nous avons de plus écrit sur le couvercle, comme nous avions fait
« au dedans, le sujet de cette opération et l'époque où elle a été faite.

« La caisse ainsi revêtue de toute l'authenticité que nous avons pu lui
« donner a été confiée à M. Lafforgue, curé, que nous avons chargé de la
« mettre dans le tombeau. »

Immédiatement après la visite pastorale, M. le curé du Mas fit placer dans
le tombeau de marbre, derrière et sous le maître-autel, la caisse renfermant
les reliques telle qu'elle est notée dans le procès-verbal, ayant fait fermer
hermétiquement et ajuster les pièces fracturées, le tout avec beaucoup de
soin.

Quelque temps après, un reliquaire forme de tombeau, garni de verre, en
bois doré, fut donné par M. le marquis de Galard Terraube, et envoyé à
l'archevêché où, par les soins de Monseigneur de la Croix, la plus grande
portion du crâne fut placée et scellée par les armes de Monseigneur l'archevêque ; une partie de l'autre portion fut gardée à l'archevêché, et le restant
confié à M. le curé du Mas, pour en distribuer à l'occasion.

Il l'a placée dans la même écuelle de terre qui l'avait conservée depuis la
révolution, et l'a déposée dans la même niche.

IV.

On dit, et ce n'est pas sans raison, que les Saints qui règnent dans la gloire
inspirent à leurs protégés de la terre les vertus qui leur conquirent les cieux.
St-Martin et St-Lézer, tous les deux patrons du Mas, eurent un goût pro-
noncé pour les armes ; aussi ont-ils soufflé dans cette paroisse l'esprit militaire à son sublime degré. Chaque siècle y fournit son contingent de braves;
les derniers sont :

1° *Le Général Soulès*, qui fut aussi sénateur; son nom appartient à l'histoire, et son portrait est à la salle des Illustres à Lectoure, à côté du maré-
chal Lannes;

2° Salles, officier retraité;

3° Pujol, chirurgien major, dont le savoir égale la foi;

4° Noël-Paul Roques, sous-officier. Il a eu la tête fracassée à son poste
lors de la fameuse explosion de pétrole, à Bordeaux, en juillet 1867 ; il est
décoré de la croix de sauvetage.

Monluc a écrit quelque part, que les héros pullulent dans la Gascogne
comme les champignons. Cela est vrai, à la condition d'ajouter : dans les
terres privilégiées comme celle du Mas, qui est la terre classique du dévouement et de l'honneur.

Ce qui a été dit du soldat doit se dire du prêtre, frère du soldat par la dis-
cipline et le dévouement. Seulement, au lieu d'attribuer à la terre du Mas la
production des vocations Ecclésiastiques; il faut remonter plus haut, *sursùm
corda*, et en rattacher l'inspiration et le principe, à la grâce de Dieu qui

d'un persécuteur fit un apôtre, et à St-Martin, premier patron du Mas, qui a été et sera toujours le modèle de l'Episcopat et du sacerdoce français.

Les derniers prêtres du Mas sont :

MM. 1º Les deux frères Toulan, dont l'un est mort curé du Mas et l'autre de Champagne, canton de Montréal.

2º Bedés, curé de Senestris, diocèse d'Agen, bienfaiteur de l'Eglise et du Couvent, mort au Mas où il s'était retiré.

3º Barsalé, curé de St-Léonard.

4º Descoms, actuelle..... curé de Roquepine, depuis 37 ans.

5º Lalanne, curé de .... depuis ...... ans.

V.

Avant nos bouleversements politiques et religieux, la fête de St-Lézer était célébrée au Mas avec beaucoup de solennité le 2 septembre. Tous les prêtres du voisinage s'y rendaient soit pour y entendre des confessions, soit pour dire des évangiles, à un grand nombre de fidèles attirés par des motifs de la plus haute piété.

Un monument authentique des pélerinages de St-Lézer, c'est une balustrade circulaire en pierre de taille qui existait au midi, en dehors de la sacristie, dans le cimetière. C'est sur cette banquette que les pélerins fatigués allaient s'asseoir après avoir satisfait à leurs devoirs de piété, mangeaient gaîment leurs agapes, et racontaient les divers incidents de la nuit et du pélerinage. M. l'abbé Lafforgue fit détruire ce monument il y a quelques années et consacra les pierres au carrellement de l'Eglise.

EXEMPLE VIVANT DU PÉLERINAGE.

Il y a quelques trois ou quatre ans, un vicaire général du diocèse, qui brille par sa rare piété comme par la science dont il est la personnification, fit une chûte terrible dont il crut ne pouvoir pas relever. Durant longtemps le mal se montra rebelle à toute espèce de traitements. Un jour une voiture s'arrêta devant l'Eglise du Mas ; on en vit sortir M. le Grand Vicaire, qui avec sa canne se transporta, clopin-clopant, devant le tombeau de St-Lézer. Longtemps il pria avec foi et confiance. Je ne sais si, pendant son oraison, son front fut illuminé d'un rayon d'espérance, ou son cœur embaumé de suaves délices, apanages des plus dignes, aux tombeaux des Martyrs ; mais je sais très-bien qu'il est parfaitement guéri et complètement rendu aux affections du Clergé diocésain.

Il serait vraiment heureux de voir les populations reprendre le pélerinage du tombeau de St-Lézer ; elles seraient sans nul doute, l'objet des faveurs antiques ; les vertus les plus solides brilleraient au foyer domestique ; les mœurs publiques s'épureraient ; et bientôt toute la contrée donnerait à l'Eglise du diocèse des consolations auxquelles elle aurait besoin d'être habituée.

CONDOM. — Imprimerie de P. Bousquet, éditeur du JOURNAL DE CONDOM.

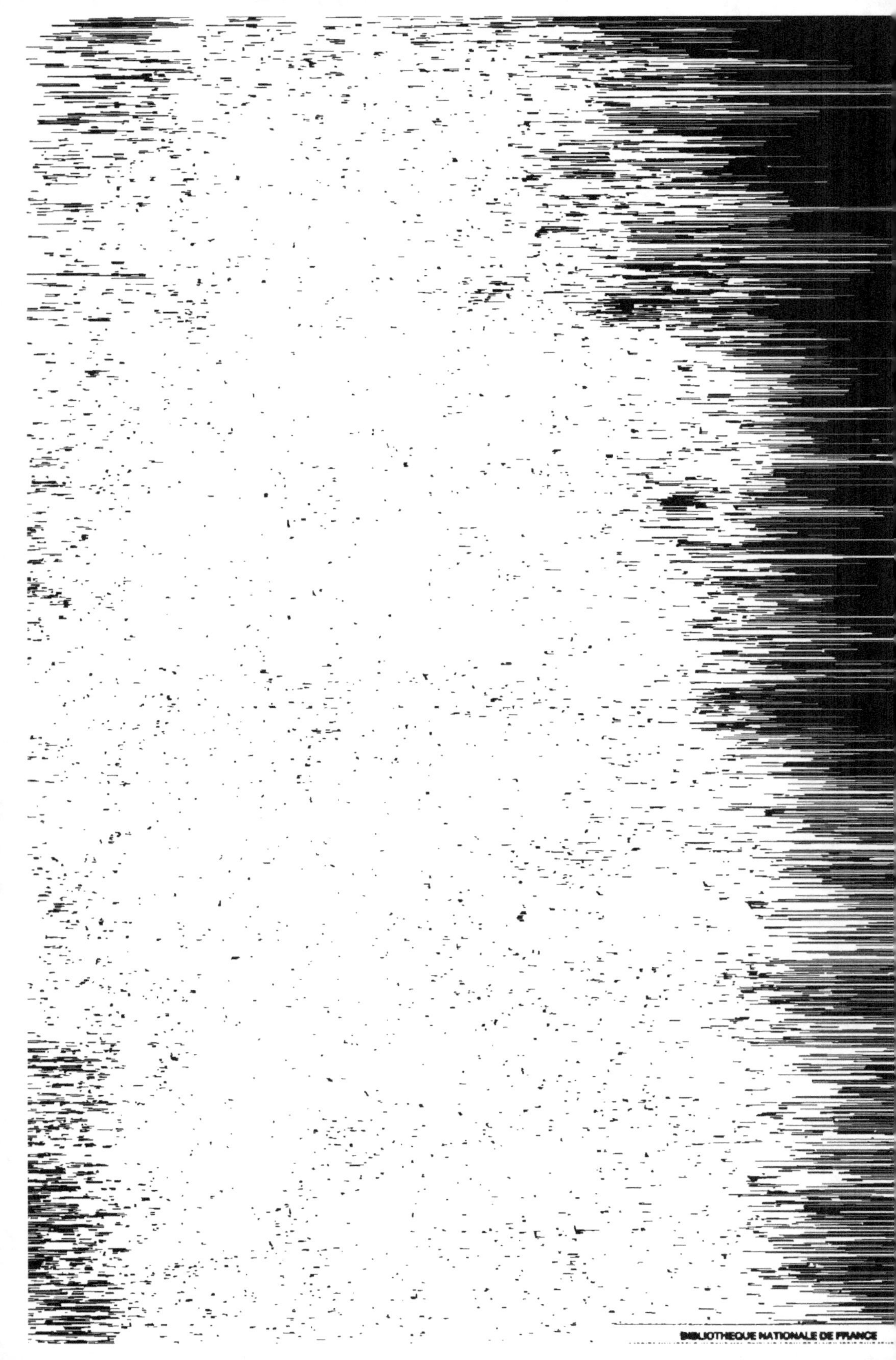